Molière

George Dandin

ou
Le mari confondu

Personnages

GEORGE DANDIN, riche paysan, mari d'Angélique.
ANGÉLIQUE, femme de George Dandin et fille de M. de Sotenville.
M. DE SOTENVILLE, gentilhomme campagnard, père d'Angélique.
Mme DE SOTENVILLE, sa femme.
CLITANDRE, amoureux d'Angélique.
CLAUDINE, suivante d'Angélique.
LUBIN, paysan, servant Clitandre.
COLIN, valet de George Dandin.

La scène est devant la maison de George Dandin.

George Dandin
ou
Le Mari confondu

COMÉDIE

Acte I

Scène première

George Dandin.

Ah ! qu'une femme Demoiselle est une étrange affaire, et que mon mariage est une leçon bien parlante à tous les paysans qui veulent s'élever au-dessus de leur condition, et s'allier, comme j'ai fait, à la maison d'un gentilhomme ! La noblesse de soi est bonne, c'est une chose considérable assurément ; mais elle est accompagnée de tant de mauvaises circonstances, qu'il est très bon de ne s'y point frotter. Je suis devenu là-dessus savant à mes dépens, et connais le style des nobles lorsqu'ils nous font, nous autres, entrer dans leur famille. L'alliance qu'ils font est petite avec nos personnes : c'est notre bien seul qu'ils épousent, et j'aurais bien mieux fait, tout riche que je suis, de m'allier en bonne et franche paysannerie, que de prendre une femme qui se tient au-dessus de moi, s'offense de porter mon nom, et pense qu'avec tout mon bien je n'ai pas assez acheté la qualité de son mari. George Dandin, George Dandin, vous avez fait une sottise la plus grande du monde. Ma maison m'est effroyable maintenant, et je n'y rentre point sans y trouver quelque chagrin.

Scène II

George Dandin, Lubin.

GEORGE DANDIN, *voyant sortir Lubin de chez lui.*
Que diantre ce drôle-là vient-il faire chez moi ?

LUBIN
Voilà un homme qui me regarde.

GEORGE DANDIN
Il ne me connait pas.

LUBIN
Il se doute de quelque chose.

GEORGE DANDIN
Ouais ! il a grand-peine à saluer.

LUBIN
J'ai peur qu'il n'aille dire qu'il m'a vu sortir de là-dedans.

GEORGE DANDIN
Bonjour.

LUBIN
Serviteur.

GEORGE DANDIN
Vous n'êtes pas d'ici, que je crois ?

LUBIN
Non, je n'y suis venu que pour voir la fête de demain.

GEORGE DANDIN
Eh ! dites-moi un peu, s'il vous plaît, vous venez de là-dedans ?

LUBIN
Chut !

GEORGE DANDIN

Comment ?

LUBIN

Paix !

GEORGE DANDIN

Quoi donc ?

LUBIN

Motus ! Il ne faut pas dire que vous m'ayez vu sortir de là.

GEORGE DANDIN

Pourquoi ?

LUBIN

Mon Dieu ! parce.

GEORGE DANDIN

Mais encore ?

LUBIN

Doucement. J'ai peur qu'on ne nous écoute.

GEORGE DANDIN

Point, point.

LUBIN

C'est que je viens de parler à la maîtresse du logis, de la part d'un certain Monsieur qui lui fait les doux yeux, et il ne faut pas qu'on sache cela ? entendez-vous ?

GEORGE DANDIN

Oui.

LUBIN

Voilà la raison. On m'a enchargé de prendre garde que personne ne me vît, et je vous prie au moins de ne pas dire que vous m'ayez vu.

GEORGE DANDIN

Je n'ai garde.

LUBIN

Je suis bien aise de faire les choses secrètement comme on m'a recommandé.

GEORGE DANDIN

C'est bien fait.

LUBIN

Le mari, à ce qu'ils disent, est un jaloux qui ne veut pas qu'on fasse l'amour à sa femme, et il ferait le diable à quatre si cela venait à ses oreilles : vous comprenez bien ?

GEORGE DANDIN

Fort bien.

LUBIN

Il ne faut pas qu'il sache rien de tout ceci.

GEORGE DANDIN

Sans doute.

LUBIN

On le veut tromper tout doucement : vous entendez bien ?

GEORGE DANDIN

Le mieux du monde.

LUBIN

Si vous alliez dire que vous m'avez vu sortir de chez lui, vous gâteriez toute l'affaire : vous comprenez bien ?

GEORGE DANDIN

Assurément. Eh ! comment nommez-vous celui qui vous a envoyé là-dedans ?

LUBIN

C'est le seigneur de notre pays, Monsieur le vicomte de chose Foin ! je ne me souviens jamais comment diantre ils baragouinent ce nom-là, Monsieur Cli…. Clitande.

GEORGE DANDIN
Est-ce ce jeune courtisan qui demeure

LUBIN
Oui : auprès de ces arbres.

GEORGE DANDIN, *à part*
C'est pour cela que depuis peu ce Damoiseau poli s'est venu loger contre moi ; j'avais bon nez sans doute, et son voisinage déjà m'avait donné quelque soupçon.

LUBIN
Testigué ! c'est le plus honnête homme que vous ayez jamais vu. Il m'a donné trois pièces d'or pour aller dire seulement à la femme qu'il est amoureux d'elle, et qu'il souhaite fort l'honneur de pouvoir lui parler. Voyez s'il y a là une grande fatigue pour me payer si bien, et ce qu'est au prix de cela une journée de travail où je ne gagne que dix sols.

GEORGE DANDIN
Eh bien ! avez-vous fait votre message ?

LUBIN
Oui, j'ai trouvé là-dedans une certaine Claudine, qui tout du premier coup a compris ce que je voulais, et qui m'a fait parler à sa maîtresse.

GEORGE DANDIN, *à part.*
Ah ! coquine de servante !

LUBIN
Morguéne ! cette Claudine-là est tout à fait jolie, elle a gagné mon amitié, et il ne tiendra qu'à elle que nous ne soyons mariés ensemble.

GEORGE DANDIN
Mais quelle réponse a fait la maîtresse à ce Monsieur le courtisan ?

LUBIN
Elle m'a dit de lui dire…. attendez, je ne sais si je me souviendrai bien de tout cela…. qu'elle lui est tout à fait obligée de l'affection qu'il a pour elle, et qu'à cause de son mari, qui est fantasque, il garde d'en

rien faire paraître, et qu'il faudra songer à chercher quelque invention pour se pouvoir entretenir tous deux.

GEORGE DANDIN, *à part.*

Ah ! pendarde de femme !

LUBIN

Testiguiéne ! cela sera drôle ; car le mari ne se doutera point de la manigance, voilà ce qui est de bon ; et il aura un pied de nez avec sa jalousie : est-ce pas ?

GEORGE DANDIN

Cela est vrai.

LUBIN

Adieu. Bouche cousue au moins. Gardez bien le secret, afin que le mari ne le sache pas.

GEORGE DANDIN

Oui, oui.

LUBIN

Pour moi, je vais faire semblant de rien : je suis un fin matois, et l'on ne dirait pas que j'y touche.

Scène III

George Dandin.

Eh bien ! George Dandin, vous voyez de quel air votre femme vous traite. Voilà ce que c'est d'avoir voulu épouser une Demoiselle : l'on vous accommode de toutes pièces, sans que vous puissiez vous venger, et la gentilhommerie vous tient les bras liés. L'égalité de condition laisse du moins à l'honneur d'un mari liberté de ressentiment ; et si c'était une paysanne, vous auriez maintenant toutes vos coudées franches à vous en faire la justice à bons coups de bâton. Mais vous avez voulu tâter de la noblesse, et il vous ennuyait d'être maître chez vous. Ah ! j'enrage de tout mon cœur, et je me donnerais volontiers des soufflets. Quoi ? écouter impudemment l'amour d'un Damoiseau, et y promettre en même temps de la correspondance ! Morbleu ! je ne veux point laisser passer une occasion de la sorte. Il me faut de ce pas aller faire mes plaintes au père et à la mère, et les rendre témoins, à telle fin que de raison , des sujets de chagrin et de ressentiment que leur fille me donne. Mais les voici l'un et l'autre fort à propos.

Scène IV

Monsieur et madame de Sotenville, George Dandin.

MONSIEUR DE SOTENVILLE

Qu'est-ce, mon gendre ? vous me paraissez tout troublé.

GEORGE DANDIN

Aussi en ai-je du sujet, et….

MADAME DE SOTENVILLE

Mon Dieu ! notre gendre, que vous avez peu de civilité de ne pas saluer les gens quand vous les approchez !

GEORGE DANDIN

Ma foi ! ma belle-mère, c'est que j'ai d'autres choses en tête, et….

MADAME DE SOTENVILLE

Encore ! Est-il possible, notre gendre, que vous sachiez si peu votre monde, et qu'il n'y ait pas moyen de vous instruire de la manière qu'il faut vivre parmi les personnes de qualité ?

GEORGE DANDIN

Comment ?

MADAME DE SOTENVILLE

Ne vous déferez-vous jamais avec moi de la familiarité de ce mot de « ma belle-mère », et ne sauriez-vous vous accoutumer à me dire « Madame » ?

GEORGE DANDIN

Parbleu ! si vous m'appelez votre gendre, il me semble que je puis vous appeler ma belle-mère.

MADAME DE SOTENVILLE

Il y a fort à dire, et les choses ne sont pas égales. Apprenez, s'il vous plaît, que ce n'est pas à vous à vous servir de ce mot-là avec une personne de ma condition ; que tout notre gendre que vous soyez, il y a grande différence de vous à nous, et que vous devez vous connaître.

MONSIEUR DE SOTENVILLE

C'en est assez, mamour, laissons cela.

MADAME DE SOTENVILLE

Mon Dieu ! Monsieur de Sotenville, vous avez des indulgences qui n'appartiennent qu'à vous, et vous ne savez pas vous faire rendre par les gens ce qui vous est dû.

MONSIEUR DE SOTENVILLE

Corbleu ! pardonnez-moi, on ne peut point me faire de leçons là-dessus, et j'ai su montrer en ma vie, par vingt actions de vigueur, que je ne suis point homme à démordre jamais d'une partie de mes prétentions. Mais il suffit de lui avoir donné un petit avertissement. Sachons un peu, mon gendre, ce que vous avez dans l'esprit.

GEORGE DANDIN

Puisqu'il faut donc parler catégoriquement, je vous dirai, Monsieur de Sotenville, que j'ai lieu de

MONSIEUR DE SOTENVILLE

Doucement, mon gendre. Apprenez qu'il n'est pas respectueux d'appeler les gens par leur nom, et qu'à ceux qui sont au-dessus de nous il faut dire « Monsieur » tout court.

GEORGE DANDIN

Eh bien ! Monsieur tout court, et non plus Monsieur de Sotenville, j'ai à vous dire que ma femme me donne….

MONSIEUR DE SOTENVILLE

Tout beau ! Apprenez aussi que vous ne devez pas dire « ma femme », quand vous parlez de notre fille.

GEORGE DANDIN

J'enrage. Comment ? ma femme n'est pas ma femme ?

MADAME DE SOTENVILLE

Oui, notre gendre, elle est votre femme ; mais il ne vous est pas permis de l'appeler ainsi, et c'est tout ce que vous pourriez faire, si vous aviez épousé une de vos pareilles.

GEORGE DANDIN

Ah ! George Dandin, où t'es-tu fourré ? Eh ! de grâce, mettez, pour un moment, votre gentilhommerie à côté, et souffrez que je vous parle maintenant comme je pourrai. Au diantre soit la tyrannie de toutes ces histoires-là ! Je vous dis donc que je suis mal satisfait de mon mariage.

MONSIEUR DE SOTENVILLE

Et la raison, mon gendre ?

MADAME DE SOTENVILLE

Quoi ? parler ainsi d'une chose dont vous avez tiré de si grands avantages ?

GEORGE DANDIN

Et quels avantages, Madame, puisque Madame y a ? L'aventure n'a pas été mauvaise pour vous, car sans moi vos affaires, avec votre permission, étaient fort délabrées, et mon argent a servi à reboucher d'assez bons trous ; mais moi, de quoi y ai-je profité, je vous prie, que d'un allongement de nom, et au lieu de George Dandin, d'avoir reçu par vous le titre de « Monsieur de la Dandinière » ?

MONSIEUR DE SOTENVILLE

Ne comptez-vous rien, mon gendre, l'avantage d'être allié à la maison de Sotenville ?

MADAME DE SOTENVILLE

Et à celle de la Prudoterie, dont j'ai l'honneur d'être issue, maison où le ventre anoblit, et qui, par ce beau privilège, rendra vos enfants gentilshommes ?

GEORGE DANDIN

Oui, voilà qui est bien, mes enfants seront gentilshommes ; mais je serai cocu, moi, si l'on n'y met ordre.

MONSIEUR DE SOTENVILLE

Que veut dire cela, mon gendre ?

GEORGE DANDIN

Cela veut dire que votre fille ne vit pas comme il faut qu'une femme vive, et qu'elle fait des choses qui sont contre l'honneur.

MADAME DE SOTENVILLE

Tout beau ! prenez garde à ce que vous dites. Ma fille est d'une race trop pleine de vertu, pour se porter jamais à faire aucune chose dont l'honnêteté soit blessée ; et de la maison de la Prudoterie il y a plus de trois cents ans qu'on n'a point remarqué qu'il y ait eu de femme, Dieu merci, qui ait fait parler d'elle.

MONSIEUR DE SOTENVILLE

Corbleu ! dans la maison de Sotenville on n'a jamais vu de coquette, et la bravoure n'y est pas plus héréditaire aux mâles, que la chasteté aux femelles.

MADAME DE SOTENVILLE

Nous avons eu une Jacqueline de la Prudoterie qui ne voulut jamais être la maîtresse d'un duc et pair, gouverneur de notre province.

MONSIEUR DE SOTENVILLE

Il y a eu une Mathurine de Sotenville qui refusa vingt mille écus d'un favori du Roi, qui ne lui demandait seulement que la faveur de lui parler.

GEORGE DANDIN

Ho bien ! votre fille n'est pas si difficile que cela, et elle s'est apprivoisée depuis qu'elle est chez moi.

MONSIEUR DE SOTENVILLE

Expliquez-vous, mon gendre. Nous ne sommes point gens à la supporter dans de mauvaises actions, et nous serons les premiers, sa mère et moi, à vous en faire la justice.

MADAME DE SOTENVILLE

Nous n'entendons point raillerie sur les matières de l'honneur, et nous l'avons élevée dans toute la sévérité possible.

GEORGE DANDIN

Tout ce que je vous puis dire, c'est qu'il y a ici un certain courtisan que vous avez vu, qui est amoureux d'elle à ma barbe, et qui lui a fait faire des protestations d'amour qu'elle a très humainement écoutées.

MADAME DE SOTENVILLE

Jour de Dieu ! je l'étranglerais de mes propres mains, s'il fallait qu'elle forlignât de l'honnêteté de sa mère.

MONSIEUR DE SOTENVILLE

Corbleu ! je lui passerais mon épée au travers du corps, à elle et au galant, si elle avait forfait à son honneur .

GEORGE DANDIN

Je vous ai dit ce qui se passe pour vous faire mes plaintes, et je vous demande raison de cette affaire-là.

MONSIEUR DE SOTENVILLE

Ne vous tourmentez point, je vous la ferai de tous deux, et je suis homme pour serrer le bouton à qui que ce puisse être. Mais êtes-vous bien sûr aussi de ce que vous nous *dites* ?

GEORGE DANDIN

Très sûr.

MONSIEUR DE SOTENVILLE

Prenez bien garde au moins ; car, entre gentilshommes, ce sont des choses chatouilleuses, et il n'est pas question d'aller faire ici un pas de clerc.

GEORGE DANDIN

Je ne vous ai rien dit, vous dis-je, qui ne soit véritable.

MONSIEUR DE SOTENVILLE

Mamour, allez-vous-en parler à votre fille, tandis qu'avec mon gendre j'irai parler à l'homme.

MADAME DE SOTENVILLE

Se pourrait-il, mon fils, qu'elle s'oubliât de la sorte, après le sage exemple que vous savez vous-même que je lui ai donné ?

MONSIEUR DE SOTENVILLE

Nous allons éclaircir l'affaire. Suivez-moi, mon gendre, et ne vous mettez pas en peine. Vous verrez de quel bois nous nous chauffons lorsqu'on s'attaque à ceux qui nous peuvent appartenir.

GEORGE DANDIN

Le voici qui vient vers nous.

Scène V

Monsieur de Sotenville, Clitandre, George Dandin.

MONSIEUR DE SOTENVILLE
Monsieur, suis-je connu de vous ?

CLITANDRE
Non pas, que je sache, Monsieur.

MONSIEUR DE SOTENVILLE
Je m'appelle le baron de Sotenville.

CLITANDRE
Je m'en réjouis fort.

MONSIEUR DE SOTENVILLE
Mon nom est connu à la cour, et j'eus l'honneur dans ma jeunesse de me signaler des premiers à l'arrière-ban de Nancy.

CLITANDRE
À la bonne heure.

MONSIEUR DE SOTENVILLE
Monsieur, mon père Jean-Gilles de Sotenville eut la gloire d'assister en personne au grand siège de Montauban.

CLITANDRE
J'en suis ravi.

MONSIEUR DE SOTENVILLE
Et j'ai eu un aïeul, Bertrand de Sotenville, qui fut si considéré en son temps, que d'avoir permission de vendre tout son bien pour le voyage d'outre-mer.

CLITANDRE
Je le veux croire.

MONSIEUR DE SOTENVILLE
Il m'a été rapporté, Monsieur, que vous aimez et poursuivez une jeune personne, qui est ma fille, pour laquelle je m'intéresse, et pour l'homme que vous voyez, qui a l'honneur d'être mon gendre.

CLITANDRE

Qui, moi ?

MONSIEUR DE SOTENVILLE

Oui ; et je suis bien aise de vous parler, pour tirer de vous, s'il vous plaît, un éclaircissement de cette affaire.

CLITANDRE

Voilà une étrange médisance ! Qui vous a dit cela, Monsieur ?

MONSIEUR DE SOTENVILLE

Quelqu'un qui croit le bien savoir.

CLITANDRE

Ce quelqu'un-là en a menti. Je suis honnête homme. Me croyez-vous capable, Monsieur, d'une action aussi lâche que celle-là ? Moi, aimer une jeune et belle personne, qui a l'honneur d'être la fille de Monsieur le baron de Sotenville ! je vous révère trop pour cela, et suis trop votre serviteur. Quiconque vous l'a dit est un sot.

MONSIEUR DE SOTENVILLE

Allons, mon gendre.

GEORGE DANDIN

Quoi ?

CLITANDRE

C'est un coquin et un maraud.

MONSIEUR DE SOTENVILLE

Répondez.

GEORGE DANDIN

Répondez vous-même.

CLITANDRE

Si je savais qui ce peut être, je lui donnerais en votre présence de l'épée dans le ventre.

MONSIEUR DE SOTENVILLE

Soutenez donc la chose.

GEORGE DANDIN

Elle est toute soutenue, cela est vrai.

CLITANDRE

Est-ce votre gendre, Monsieur, qui….

MONSIEUR DE SOTENVILLE

Oui, c'est lui-même qui s'en est plaint à moi.

CLITANDRE

Certes, il peut remercier l'avantage qu'il a de vous appartenir, et sans cela je lui apprendrais bien à tenir de pareils discours d'une personne comme moi.

Scène VI

Monsieur et madame de Sotenville, Angélique, Clitandre, George Dandin, Claudine.

MADAME DE SOTENVILLE

Pour ce qui est de cela, la jalousie est une étrange chose ! J'amène ici ma fille pour éclaircir l'affaire en présence de tout le monde.

CLITANDRE

Est-ce donc vous, Madame, qui avez dit à votre mari que je suis amoureux de vous ?

ANGÉLIQUE

Moi ? et comment lui aurais-je dit ? est-ce que cela est ? Je voudrais bien le voir vraiment que vous fussiez amoureux de moi. Jouez-vous-y, je vous en prie, vous trouverez à qui parler. C'est une chose que je vous conseille de faire. Ayez recours, pour voir, à tous les détours des amants : essayez un peu, par plaisir, à m'envoyer des ambassades, à m'écrire secrètement de petits billets doux, à épier les moments que mon mari n'y sera pas, ou le temps que je sortirai, pour me parler de votre amour. Vous n'avez qu'à y venir, je vous promets que vous serez reçu comme il faut.

CLITANDRE

Eh ! la, la, Madame, tout doucement. Il n'est pas nécessaire de me faire tant de leçons, et de vous tant scandaliser. Qui vous dit que je songe à vous aimer ?

ANGÉLIQUE

Que sais-je, moi, ce qu'on me vient conter ici ?

CLITANDRE

On dira ce que l'on voudra ; mais vous savez si je vous ai parlé d'amour, lorsque je vous ai rencontrée.

ANGÉLIQUE

Vous n'aviez qu'à le faire, vous auriez été bien venu.

CLITANDRE

Je vous assure qu'avec moi vous n'avez rien à craindre ; que je ne suis point homme à donner du chagrin aux belles ; et que je vous respecte trop, et vous et Messieurs vos parents, pour avoir la pensée d'être amoureux de vous.

MADAME DE SOTENVILLE

Eh bien ! vous le voyez.

MONSIEUR DE SOTENVILLE

Vous voilà satisfait, mon gendre. Que dites-vous à cela ?

GEORGE DANDIN

Je dis que ce sont là des contes à dormir debout ; que je sais bien ce que je sais, et que tantôt, puisqu'il faut parler, elle a reçu une ambassade de sa part.

ANGÉLIQUE

Moi, j'ai reçu une ambassade ?

CLITANDRE

J'ai envoyé une ambassade ?

ANGÉLIQUE

Claudine.

CLITANDRE

Est-il vrai ?

CLAUDINE

Par ma foi, voilà une étrange fausseté !

GEORGE DANDIN

Taisez-vous, carogne que vous êtes. Je sais de vos nouvelles, et c'est vous qui tantôt avez introduit le courrier.

CLAUDINE

Qui, moi ?

GEORGE DANDIN

Oui, vous. Ne faites point tant la sucrée.

19

CLAUDINE

Hélas ! que le monde aujourd'hui est rempli de méchanceté, de m'aller soupçonner ainsi, moi qui suis l'innocence même !

GEORGE DANDIN

Taisez-vous, bonne pièce. Vous faites la sournoise ; mais je vous connais il y a longtemps, et vous êtes une dessalée.

CLAUDINE

Madame, est-ce que… ?

GEORGE DANDIN

Taisez-vous, vous dis-je, vous pourriez bien porter la folle enchère de tous les autres ; et vous n'avez point de père gentilhomme.

ANGÉLIQUE

C'est une imposture si grande, et qui me touche si fort au cœur, que je ne puis pas même avoir la force d'y répondre. Cela est bien horrible d'être accusée par un mari lorsqu'on ne lui fait rien qui ne soit à faire. Hélas ! si je suis blâmable de quelque chose, c'est d'en user trop bien avec lui.

CLAUDINE

Assurément.

ANGÉLIQUE

Tout mon malheur est de le trop considérer ; et plût au Ciel que je fusse capable de souffrir, comme il dit, les galanteries de quelqu'un ! je ne serais pas tant à plaindre. Adieu : je me retire, et je ne puis plus endurer qu'on m'outrage de cette sorte.

MADAME DE SOTENVILLE

Allez, vous ne méritez pas l'honnête femme qu'on vous a donnée.

CLAUDINE

Par ma foi ! il mériterait qu'elle lui fit dire vrai ; et si j'étais en sa place, je n'y marchanderais pas. Oui, Monsieur, vous devez, pour le punir, faire l'amour à ma maîtresse. Poussez, c'est moi qui vous le dis, ce sera fort bien employé ; et je m'offre à vous y servir, puisqu'il m'en a déjà taxée.

MONSIEUR DE SOTENVILLE

Vous méritez, mon gendre, qu'on vous dise ces choses-là ; et votre procédé met tout le monde contre vous.

MADAME DE SOTENVILLE

Allez, songez à mieux traiter une Demoiselle bien née, et prenez garde désormais à ne plus faire de pareilles bévues.

GEORGE DANDIN

J'enrage de bon cœur d'avoir tort, lorsque j'ai raison.

CLITANDRE

Monsieur, vous voyez comme j'ai été faussement accusé : vous êtes homme qui savez les maximes du point d'honneur, et je vous demande raison de l'affront qui m'a été fait.

MONSIEUR DE SOTENVILLE

Cela est juste, et c'est l'ordre des procédés. Allons, mon gendre, faites satisfaction à Monsieur.

GEORGE DANDIN

Comment satisfaction ?

MONSIEUR DE SOTENVILLE

Oui, cela se doit dans les règles pour l'avoir à tort accusé.

GEORGE DANDIN

C'est une chose, moi, dont je ne demeure pas d'accord, de l'avoir à tort accusé, et je sais bien ce que j'en pense.

MONSIEUR DE SOTENVILLE

Il n'importe. Quelque pensée qui vous puisse rester, il a nié : c'est satisfaire les personnes, et l'on n'a nul droit de se plaindre de tout homme qui se *dédit*.

GEORGE DANDIN

Si bien donc que si je le trouvais couché avec ma femme, il en serait quitte pour se dédire ?

MONSIEUR DE SOTENVILLE

Point de raisonnement. Faites-lui les excuses que je vous dis.

GEORGE DANDIN
Moi, je lui ferai encore des excuses après… ?

MONSIEUR DE SOTENVILLE
Allons, vous dis-je. Il n'y a rien à balancer, et vous n'avez que faire d'avoir peur d'en trop faire, puisque c'est moi qui vous conduis.

GEORGE DANDIN
Je ne saurais….

MONSIEUR DE SOTENVILLE
Corbleu ! mon gendre, ne m'échauffez pas la bile : je me mettrais avec lui contre vous. Allons, laissez-vous gouverner par moi.

GEORGE DANDIN
Ah ! George Dandin !

MONSIEUR DE SOTENVILLE
Votre bonnet à la main, le premier : Monsieur est gentilhomme, et vous ne l'êtes pas.

GEORGE DANDIN
J'enrage.

MONSIEUR DE SOTENVILLE
Répétez après moi : « Monsieur. »

GEORGE DANDIN
« Monsieur. »

MONSIEUR DE SOTENVILLE
Il voit que son gendre fait difficulté de lui obéir.
« Je vous demande pardon. » Ah !

GEORGE DANDIN
« Je vous demande pardon. »

MONSIEUR DE SOTENVILLE
« Des mauvaises pensées que j'ai eues de vous. »

22

GEORGE DANDIN

« Des mauvaises pensées que j'ai eues de vous. »

MONSIEUR DE SOTENVILLE

« C'est que je n'avais pas l'honneur de vous connaître. »

GEORGE DANDIN

« C'est que je n'avais pas l'honneur de vous connaître. »

MONSIEUR DE SOTENVILLE

« Et je vous prie de croire. »

GEORGE DANDIN

« Et je vous prie de croire. »

MONSIEUR DE SOTENVILLE

« Que je suis votre serviteur. »

GEORGE DANDIN

Voulez-vous que je sois serviteur d'un homme qui me veut faire cocu ?

MONSIEUR DE SOTENVILLE

Il le menace encore.

Ah !

CLITANDRE

Il suffit, Monsieur.

MONSIEUR DE SOTENVILLE

Non : je veux qu'il achève, et que tout aille dans les formes. « Que je suis votre serviteur. »

GEORGE DANDIN

« Que je suis votre serviteur. »

CLITANDRE

Monsieur, je suis le vôtre de tout mon cœur, et je ne songe plus à ce qui s'est passé. Pour vous, Monsieur, je vous donne le bonjour, et suis fâché du petit chagrin que vous avez eu.

MONSIEUR DE SOTENVILLE

Je vous baise les mains ; et quand il vous plaira, je vous donnerai le divertissement de courre un lièvre.

CLITANDRE

C'est trop de grâce que vous me faites.

MONSIEUR DE SOTENVILLE

Voilà, mon gendre, comme il faut pousser les choses. Adieu. Sachez que vous êtes entré dans une famille qui vous donnera de l'appui, et ne souffrira point que l'on vous fasse aucun affront.

Scène VII

George Dandin.

Ah ! que je…. Vous l'avez voulu, vous l'avez voulu, George Dandin, vous l'avez voulu, cela vous sied fort bien, et vous voilà ajusté comme il faut ; vous avez justement ce que vous méritez. Allons, il s'agit seulement de désabuser le père et la mère, et je pourrai trouver peut-être quelque moyen d'y réussir.

Acte II

Scène première

Claudine, Lubin.

CLAUDINE

Oui, j'ai bien deviné qu'il fallait que cela vînt de toi, et que tu l'eusses dit à quelqu'un qui l'ait rapporté à notre maître.

LUBIN

Par ma foi ! je n'en ai touché qu'un petit mot en passant à un homme, afin qu'il ne dît point qu'il m'avait vu sortir, et il faut que les gens en ce pays-ci soient de grands babillards.

CLAUDINE

Vraiment, ce Monsieur le Vicomte a bien choisi son monde, que de te prendre pour son ambassadeur, et il s'est allé servir là d'un homme bien chanceux.

LUBIN

Va, une autre fois je serai plus fin, et je prendrai mieux garde à moi.

CLAUDINE

Oui, oui, il sera temps.

LUBIN

Ne parlons plus de cela. Écoute.

CLAUDINE

Que veux-tu que j'écoute ?

LUBIN

Tourne un peu ton visage devers moi.

CLAUDINE

Eh bien, qu'est-ce ?

LUBIN

Claudine.

CLAUDINE

Quoi ?

LUBIN

Eh ! là, ne sais-tu pas bien ce que je veux dire ?

CLAUDINE

Non.

LUBIN

Morgué ! je t'aime.

CLAUDINE

Tout de bon ?

LUBIN

Oui, le diable m'emporte ! tu me peux croire, puisque j'en jure.

CLAUDINE

À la bonne heure.

LUBIN

Je me sens tout tribouiller le cœur quand je te regarde.

CLAUDINE

Je m'en réjouis.

LUBIN

Comment est-ce que tu fais pour être si jolie ?

CLAUDINE

Je fais comme font les autres.

LUBIN

Vois-tu ? il ne faut point tant de beurre pour faire un quarteron : si tu veux, tu seras ma femme, je serai ton mari, et nous serons tous deux mari et femme.

CLAUDINE

Tu serais peut-être jaloux comme notre maître.

LUBIN

Point.

CLAUDINE

Pour moi, je hais les maris soupçonneux, et j'en veux un qui ne s'épouvante de rien, un si plein de confiance, et si sûr de ma chasteté, qu'il me vît sans inquiétude au milieu de trente hommes.

LUBIN

Eh bien ! je serai tout comme cela.

CLAUDINE

C'est la plus sotte chose du monde que de se défier d'une femme, et de la tourmenter. La vérité de l'affaire est qu'on n'y gagne rien de bon : cela nous fait songer à mal, et ce sont souvent les maris qui, avec leurs vacarmes, se font eux-mêmes ce qu'ils sont.

LUBIN

Eh bien ! je te donnerai la liberté de faire tout ce qu'il te plaira.

CLAUDINE

Voilà comme il faut faire pour n'être point trompé. Lorsqu'un mari se met à notre discrétion, nous ne prenons de liberté que ce qu'il nous en faut, et il en est comme avec ceux qui nous ouvrent leur bourse et nous disent : « Prenez. » Nous en usons honnêtement, et nous nous contentons de la raison. Mais ceux qui nous chicanent, nous nous efforçons de les tondre, et nous ne les épargnons point.

LUBIN

Va, je serai de ceux qui ouvrent leur bourse, et tu n'as qu'à te marier avec moi.

CLAUDINE

Eh bien, bien, nous verrons.

LUBIN

Viens donc ici, Claudine.

CLAUDINE

Que veux-tu ?

LUBIN

Viens, te dis-je.

CLAUDINE

Ah ! doucement : je n'aime pas les patineurs.

LUBIN

Eh ! un petit brin d'amitié.

CLAUDINE

Laisse-moi là, te dis-je : je n'entends pas raillerie.

LUBIN

Claudine.

CLAUDINE

Ahy !

LUBIN

Ah ! que tu es rude à pauvres gens. Fi ! que cela est malhonnête de refuser les personnes ! N'as-tu point de honte d'être belle, et de ne vouloir pas qu'on te caresse ? Eh là !

CLAUDINE

Je te donnerai sur le nez.

LUBIN

Oh ! la farouche, la sauvage. Fi, poua ! la vilaine, qui est cruelle.

CLAUDINE

Tu t'émancipes trop.

LUBIN

Qu'est-ce que cela te coûterait de me laisser un peu faire ?

CLAUDINE

Il faut que tu te donnes patience.

LUBIN

Un petit baiser seulement, en rabattant sur notre mariage.

CLAUDINE

Je suis votre servante.

LUBIN

Claudine, je t'en prie, sur l'et-tant-moins.

CLAUDINE

Eh ! que nenni : j'y ai déjà été attrapée. Adieu. Va-t'en, et dis à Monsieur le Vicomte que j'aurai soin de rendre son billet.

LUBIN

Adieu, beauté rude ânière.

CLAUDINE

Le mot est amoureux.

LUBIN

Adieu, rocher, caillou, pierre de taille, et tout ce qu'il y a de plus dur au monde.

CLAUDINE

Je vais remettre aux mains de ma maîtresse…. Mais la voici avec son mari : éloignons-nous, et attendons qu'elle soit seule.

SCÈNE II

George Dandin, Angélique, Clitandre.

GEORGE DANDIN

Non, non, on ne m'abuse pas avec tant de facilité, et je ne suis que trop certain que le rapport que l'on m'a fait est véritable. J'ai de meilleurs yeux qu'on ne pense, et votre galimatias ne m'a point tantôt ébloui.

CLITANDRE

Ah ! la voilà ; mais le mari est avec elle.

GEORGE DANDIN

Au travers de toutes vos grimaces, j'ai vu la vérité de ce que l'on m'a dit, et le peu de respect que vous avez pour le nœud qui nous joint. Mon Dieu ! laissez là votre révérence, ce n'est pas de ces sortes de respect dont je vous parle, et vous n'avez que faire de vous moquer.

ANGÉLIQUE

Moi, me moquer ! En aucune façon.

GEORGE DANDIN

Je sais votre pensée, et connais…. Encore ? Ah ! ne raillons pas davantage ! Je n'ignore pas qu'à cause de votre noblesse vous me tenez fort au-dessous de vous, et le respect que je vous veux dire ne regarde point ma personne : j'entends parler de celui que vous devez à des nœuds aussi vénérables que le sont ceux du mariage. Il ne faut point lever les épaules, et je ne dis point de sottises.

ANGÉLIQUE

Qui songe à lever les épaules ?

GEORGE DANDIN

Mon Dieu ! nous voyons clair. Je vous dis encore une fois que le mariage est une chaîne à laquelle on doit porter toute sorte de respect, et que c'est fort mal fait à vous d'en user comme vous faites. Oui, oui, mal fait à vous ; et vous n'avez que faire de hocher la tête, et de me faire la grimace.

ANGÉLIQUE

Moi ! Je ne sais ce que vous voulez dire.

GEORGE DANDIN

Je le sais fort bien, moi ; et vos mépris me sont connus. Si je ne suis pas né noble, au moins suis-je d'une race où il n'y a point de reproche ; et la famille des Dandins….

CLITANDRE, *derrière Angélique, sans être aperçu de Dandin.*
Un moment d'entretien.

GEORGE DANDIN

Eh ?

ANGÉLIQUE

Quoi ? Je ne dis mot.

GEORGE DANDIN

Le voilà qui vient rôder autour de vous.

ANGÉLIQUE

Eh bien, est-ce ma faute ? Que voulez-vous que j'y fasse ?

GEORGE DANDIN

Je veux que vous y fassiez ce que fait une femme qui ne veut plaire qu'à son mari. Quoi qu'on en puisse dire, les galants n'obsèdent jamais que quand on le veut bien. Il y a un certain air doucereux qui les attire, ainsi que le miel fait les mouches ; et les honnêtes femmes ont des manières qui les savent chasser d'abord.

ANGÉLIQUE

Moi, les chasser ? et par quelle raison ? Je ne me scandalise point qu'on me trouve bien faite, et cela me fait du plaisir.

GEORGE DANDIN

Oui. Mais quel personnage voulez-vous que joue un mari pendant cette galanterie ?

ANGÉLIQUE

Le personnage d'un honnête homme qui est bien aise de voir sa femme considérée.

32

GEORGE DANDIN

Je suis votre valet. Ce n'est pas là mon compte, et les Dandins ne sont point accoutumés à cette mode-là.

ANGÉLIQUE

Oh ! les Dandins s'y accoutumeront s'ils veulent. Car pour moi, je vous déclare que mon dessein n'est pas de renoncer au monde, et de m'enterrer toute vive dans un mari. Comment ? parce qu'un homme s'avise de nous épouser, il faut d'abord que toutes choses soient finies pour nous, et que nous rompions tout commerce avec les vivants ? C'est une chose merveilleuse que cette tyrannie de Messieurs les maris, et je les trouve bons de vouloir qu'on soit morte à tous les divertissements, et qu'on ne vive que pour eux. Je me moque de cela, et ne veux point mourir si jeune.

GEORGE DANDIN

C'est ainsi que vous satisfaites aux engagements de la foi que vous m'avez donnée publiquement ?

ANGÉLIQUE

Moi ? Je ne vous l'ai point donnée de bon cœur, et vous me l'avez arrachée. M'avez-vous, avant le mariage, demandé mon consentement, et si je voulais bien de vous ? Vous n'avez consulté, pour cela, que mon père et ma mère ; ce sont eux proprement qui vous ont épousé, et c'est pourquoi vous ferez bien de vous plaindre toujours à eux des torts que l'on pourra vous faire. Pour moi, qui ne vous ai point dit de vous marier avec moi, et que vous avez prise sans consulter mes sentiments, je prétends n'être point obligée à me soumettre en esclave à vos volontés ; et je veux jouir, s'il vous plaît, de quelque nombre de beaux jours que m'offre la jeunesse, prendre les douces libertés que l'âge me permet, voir un peu le beau monde, et goûter le plaisir de m'ouïr dire des douceurs. Préparez-vous-y, pour votre punition, et rendez grâces au Ciel de ce que je ne suis pas capable de quelque chose de pis.

GEORGE DANDIN

Oui ! c'est ainsi que vous le prenez. Je suis votre mari, et je vous dis que je n'entends pas cela.

ANGÉLIQUE

Moi je suis votre femme, et je vous dis que je l'entends.

GEORGE DANDIN

Il me prend des tentations d'accommoder tout son visage à la compote, et le mettre en état de ne plaire de sa vie aux diseurs de fleurettes. Ah ! allons, George Dandin ; je ne pourrais me retenir, et il vaut mieux quitter la place.

Scène III

Claudine, Angélique.

CLAUDINE

J'avais, Madame, impatience qu'il s'en allât, pour vous rendre ce mot de la part que vous savez.

ANGÉLIQUE

Voyons.

CLAUDINE

À ce que je puis remarquer, ce qu'on lui dit ne lui déplaît pas trop.

ANGÉLIQUE

Ah ! Claudine, que ce billet s'explique d'une façon galante ! Que dans tous leurs discours et dans toutes leurs actions les gens de cour ont un air agréable ! Et qu'est-ce que c'est auprès d'eux que nos gens de province ?

CLAUDINE

Je crois qu'après les avoir vus, les Dandins ne vous plaisent guère.

ANGÉLIQUE

Demeure ici : je m'en vais faire la réponse.

CLAUDINE

Je n'ai pas besoin, que je pense, de lui recommander de la faire agréable. Mais voici

Scène IV

Clitandre, Lubin, Claudine.

CLAUDINE

Vraiment, Monsieur, vous avez pris là un habile messager.

CLITANDRE

Je n'ai pas osé envoyer de mes gens. Mais, ma pauvre Claudine, il faut que je te récompense des bons offices que je sais que tu m'as rendus.

CLAUDINE

Eh ! Monsieur, il n'est pas nécessaire. Non, Monsieur, vous n'avez que faire de vous donner cette peine-là ; et je vous rends service parce que vous le méritez, et que je me sens au cœur de l'inclination pour vous.

CLITANDRE

Je te suis obligé.

LUBIN

Puisque nous serons mariés, donne-moi cela, que je le mette avec le mien.

CLAUDINE

Je te le garde aussi bien que le baiser.

CLITANDRE

Dis-moi, as-tu rendu mon billet à ta belle maîtresse ?

CLAUDINE

Oui, elle est allée y répondre.

CLITANDRE

Mais, Claudine, n'y a-t-il pas moyen que je la puisse entretenir ?

CLAUDINE

Oui : venez avec moi, je vous ferai parler à elle.

CLITANDRE

Mais le trouvera-t-elle bon ? et n'y a-t-il rien à risquer ?

CLAUDINE

Non, non : son mari n'est pas au logis ; et puis, ce n'est pas lui qu'elle a le plus à ménager, c'est son père et sa mère ; et pourvu qu'ils soient prévenus, tout le reste n'est point à craindre.

CLITANDRE

Je m'abandonne à ta conduite .

LUBIN

Testiguenne ! que j'aurai là une habile femme ! Elle a de l'esprit comme quatre.

Scène V

George Dandin, Lubin.

GEORGE DANDIN

Voici mon homme de tantôt. Plût au Ciel qu'il pût se résoudre à vouloir rendre témoignage au père et à la mère de ce qu'ils ne veulent point croire !

LUBIN

Ah ! vous voilà, Monsieur le babillard, à qui j'avais tant recommandé de ne point parler, et qui me l'aviez tant promis. Vous êtes donc un causeur, et vous allez redire ce que l'on vous dit en secret ?

GEORGE DANDIN

Moi ?

LUBIN

Oui. Vous avez été tout rapporter au mari, et vous êtes cause qu'il a fait du vacarme. Je suis bien aise de savoir que vous avez de la langue, et cela m'apprendra à ne vous plus rien dire.

GEORGE DANDIN

Écoute, mon ami.

LUBIN

Si vous n'aviez point babillé, je vous aurais conté ce qui se passe à cette heure ; mais pour votre punition vous ne saurez rien du tout.

GEORGE DANDIN

Comment ? qu'est-ce qui se passe ?

LUBIN

Rien, rien. Voilà ce que c'est d'avoir causé : vous n'en tâterez plus, et je vous laisse sur la bonne bouche.

GEORGE DANDIN

Arrête un peu.

38

LUBIN

Point.

GEORGE DANDIN

Je ne te veux dire qu'un mot.

LUBIN

Nennin, nennin. Vous avez envie de me tirer les vers du nez.

GEORGE DANDIN

Non, ce n'est pas cela.

LUBIN

Eh ! quelque sot. Je vous vois venir.

GEORGE DANDIN

C'est autre chose. Écoute.

LUBIN

Point d'affaire. Vous voudriez que je vous disse que Monsieur le Vicomte vient de donner de l'argent à Claudine, et qu'elle l'a mené chez sa maîtresse. Mais je ne suis pas si bête.

GEORGE DANDIN

De grâce.

LUBIN

Non.

GEORGE DANDIN

Je te donnerai….

LUBIN

Tarare !

Scène VI

George Dandin.

Je n'ai pu me servir avec cet innocent de la pensée que j'avais. Mais le nouvel avis qui lui est échappé ferait la même chose, et si le galant est chez moi, ce serait pour avoir raison aux yeux du père et de la mère, et les convaincre pleinement de l'effronterie de leur fille. Le mal de tout ceci, c'est que je ne sais comment faire pour profiter d'un tel avis. Si je rentre chez moi, je ferai évader le drôle, et quelque chose que je puisse voir moi-même de mon déshonneur, je n'en serai point cru à mon serment, et l'on me dira que je rêve. Si, d'autre part, je vais quérir beau-père et belle-mère sans être sûr de trouver chez moi le galant, ce sera la même chose, et je retomberai dans l'inconvénient de tantôt. Pourrais-je point m'éclaircir doucement s'il y est encore ? Ah Ciel ! il n'en faut plus douter, et je viens de l'apercevoir par le trou de la porte. Le sort me donne ici de quoi confondre ma partie ; et pour achever l'aventure, il fait venir à point nommé les juges dont j'avais besoin.

Scène VII

Monsieur et madame de Sotenville, George Dandin.

GEORGE DANDIN

Enfin vous ne m'avez pas voulu croire tantôt, et votre fille l'a emporté sur moi ; mais j'ai en main de quoi vous faire voir comme elle m'accommode, et, Dieu merci ! mon déshonneur est si clair maintenant, que vous n'en pourrez plus douter.

MONSIEUR DE SOTENVILLE

Comment, mon gendre, vous en êtes encore là-dessus ?

GEORGE DANDIN

Oui, j'y suis, et jamais je n'eus tant de sujet d'y être.

MADAME DE SOTENVILLE

Vous nous venez encore étourdir la tête ?

GEORGE DANDIN

Oui, Madame, et l'on fait bien pis à la mienne.

MONSIEUR DE SOTENVILLE

Ne vous lassez-vous point de vous rendre importun ?

GEORGE DANDIN

Non ; mais je me lasse fort d'être pris pour dupe.

MADAME DE SOTENVILLE

Ne voulez-vous point vous défaire de vos pensées extravagantes ?

GEORGE DANDIN

Non, Madame ; mais je voudrais bien me défaire d'une femme qui me déshonore.

MADAME DE SOTENVILLE

Jour de Dieu ! notre gendre, apprenez à parler.

MONSIEUR DE SOTENVILLE

Corbleu ! cherchez des termes moins offensants que ceux-là.

GEORGE DANDIN
Marchand qui perd ne peut rire.

MADAME DE SOTENVILLE
Souvenez-vous que vous avez épousé une Demoiselle.

GEORGE DANDIN
Je m'en souviens assez, et ne m'en souviendrai que trop.

MONSIEUR DE SOTENVILLE
Si vous vous en souvenez, songez donc à parler d'elle avec plus de respect.

GEORGE DANDIN
Mais que ne songe-t-elle plutôt à me traiter plus honnêtement ? Quoi ? parce qu'elle est Demoiselle, il faut qu'elle ait la liberté de me faire ce qui lui plaît, sans que j'ose souffler ?

MONSIEUR DE SOTENVILLE
Qu'avez-vous donc, et que pouvez-vous dire ? N'avez-vous pas vu ce matin qu'elle s'est défendue de connaître celui dont vous m'étiez venu parler ?

GEORGE DANDIN
Oui. Mais vous, que pourrez-vous dire si je vous fais voir maintenant que le galant est avec elle ?

MADAME DE SOTENVILLE
Avec elle ?

GEORGE DANDIN
Oui, avec elle, et dans ma maison ?

MONSIEUR DE SOTENVILLE
Dans votre maison ?

GEORGE DANDIN
Oui, dans ma propre maison.

MADAME DE SOTENVILLE
Si cela est, nous serons pour vous contre elle.

MONSIEUR DE SOTENVILLE

Oui : l'honneur de notre famille nous est plus cher que toute chose ; et si vous dites vrai, nous la renoncerons pour notre sang, et l'abandonnerons à votre colère.

GEORGE DANDIN

Vous n'avez qu'à me suivre.

MADAME DE SOTENVILLE

Gardez de vous tromper.

MONSIEUR DE SOTENVILLE

N'allez pas faire comme tantôt.

GEORGE DANDIN

Mon Dieu ! vous allez voir. Tenez, ai-je menti ?

Scène VIII

Angélique, Clitandre, Claudine, monsieur
et madame de Sotenville, George Dandin.

ANGÉLIQUE
Adieu. J'ai peur qu'on vous surprenne ici, et j'ai quelques mesures à garder.

CLITANDRE
Promettez-moi donc, Madame, que je pourrai vous parler cette nuit.

ANGÉLIQUE
J'y ferai mes efforts.

GEORGE DANDIN
Approchons doucement par derrière, et tâchons de n'être point vus.

CLAUDINE
Ah ! Madame, tout est perdu : voilà votre père et votre mère, accompagnés de votre mari.

CLITANDRE
Ah Ciel !

ANGÉLIQUE
Ne faites pas semblant de rien, et me laissez faire tous deux. Quoi ? vous osez en user de la sorte, après l'affaire de tantôt ; et c'est ainsi que vous dissimulez vos sentiments ? On me vient rapporter que vous avez de l'amour pour moi, et que vous faites des desseins de me solliciter ; j'en témoigne mon dépit, et m'explique à vous clairement en présence de tout le monde ; vous niez hautement la chose, et me donnez parole de n'avoir aucune pensée de m'offenser ; et cependant, le même jour, vous prenez la hardiesse de venir chez moi me rendre visite, de me dire que vous m'aimez, et de me faire cent sots contes pour me persuader de répondre à vos extravagances : comme si j'étais femme à violer la foi que j'ai donnée à un mari, et m'éloigner jamais de la vertu que mes parents m'ont enseignée. Si mon père savait cela, il vous apprendrait

bien à tenter de ces entreprises. Mais une honnête femme n'aime point les éclats ; je n'ai garde de lui en rien dire, et je veux vous montrer que, toute femme que je suis, j'ai assez de courage pour me venger moi-même des offenses que l'on me fait. L'action que vous avez faite n'est pas d'un gentilhomme, et ce n'est pas en gentilhomme aussi que je veux vous traiter.

Elle prend un bâton et bat son mari, au lieu de Clitandre, qui se met entre deux..

CLITANDRE

Ah ! ah ! ah ! ah ! ah ! doucement.

CLAUDINE

Fort, Madame, frappez comme il faut.

ANGÉLIQUE

S'il vous demeure quelque chose sur le cœur, je suis pour vous répondre.

CLAUDINE

Apprenez à qui vous vous jouez.

ANGÉLIQUE

Ah mon père, vous êtes là !

MONSIEUR DE SOTENVILLE

Oui, ma fille, et je vois qu'en sagesse et en courage tu te montres un digne rejeton de la maison de Sotenville. Viens çà, approche-toi que je t'embrasse.

MADAME DE SOTENVILLE

Embrasse-moi aussi, ma fille. Las ! je pleure de joie, et reconnais mon sang aux choses que tu viens de faire.

MONSIEUR DE SOTENVILLE

Mon gendre, que vous devez être ravi, et que cette aventure est pour vous pleine de douceurs ! Vous aviez un juste sujet de vous alarmer ; mais vos soupçons se trouvent dissipés le plus avantageusement du monde.

45

MADAME DE SOTENVILLE
Sans doute, notre gendre, et vous devez maintenant être le plus content des hommes.

CLAUDINE
Assurément. Voilà une femme, celle-là. Vous êtes trop heureux de l'avoir, et vous devriez baiser les pas où elle passe.

GEORGE DANDIN
Euh ! traîtresse !

MONSIEUR DE SOTENVILLE
Qu'est-ce, mon gendre ? Que ne remerciez-vous un peu votre femme de l'amitié que vous voyez qu'elle montre pour vous ?

ANGÉLIQUE
Non, non, mon père, il n'est pas nécessaire. Il ne m'a aucune obligation de ce qu'il vient de voir, et tout ce que j'en fais n'est que pour l'amour de moi-même.

MONSIEUR DE SOTENVILLE
Où allez-vous, ma fille ?

ANGÉLIQUE
Je me retire, mon père, pour ne me voir point obligée à recevoir ses compliments.

CLAUDINE
Elle a raison d'être en colère. C'est une femme qui mérite d'être adorée, et vous ne la traitez pas comme vous devriez.

GEORGE DANDIN
Scélérate !

MONSIEUR DE SOTENVILLE
C'est un petit ressentiment de l'affaire de tantôt, et cela se passera avec un peu de caresse que vous lui ferez. Adieu, mon gendre, vous voilà en état de ne vous plus inquiéter. Allez-vous-en faire la paix ensemble, et tâchez de l'apaiser par des excuses de votre emportement.

MADAME DE SOTENVILLE

Vous devez considérer que c'est une jeune fille élevée à la vertu, et qui n'est point accoutumée à se voir soupçonner d'aucune vilaine action. Adieu. Je suis ravie de voir vos désordres finis et des transports de joie que vous doit donner sa conduite.

GEORGE DANDIN

Je ne dis mot, car je ne gagnerais rien à parler, et jamais il ne s'est rien vu d'égal à ma disgrâce. Oui, j'admire mon malheur, et la subtile adresse de ma carogne de femme pour se donner toujours raison, et me faire avoir tort. Est-il possible que toujours j'aurai du dessous avec elle, que les apparences toujours tourneront contre moi, et que je ne parviendrai point à convaincre mon effrontée ? Ô Ciel, seconde mes desseins, et m'accorde la grâce de faire voir aux gens que l'on me déshonore.

Acte III

Scène première

Clitandre, Lubin.

CLITANDRE

La nuit est avancée, et j'ai peur qu'il ne soit trop tard. Je ne vois point à me conduire. Lubin !

LUBIN

Monsieur ?

CLITANDRE

Est-ce par ici ?

LUBIN

Je pense que oui. Morgué ! voilà une sotte nuit, d'être si noire que cela.

CLITANDRE

Elle a tort assurément ; mais si d'un côté elle nous empêche de voir, elle empêche de l'autre que nous ne soyons vus.

LUBIN

Vous avez raison, elle n'a pas tant de tort. Je voudrais bien savoir, Monsieur, vous qui êtes savant, pourquoi il ne fait point jour la nuit.

CLITANDRE

C'est une grande question, et qui est difficile. Tu es curieux, Lubin.

LUBIN

Oui. Si j'avais étudié, j'aurais été songer à des choses où on n'a jamais songé.

CLITANDRE

Je le crois. Tu as la mine d'avoir l'esprit subtil et pénétrant.

48

LUBIN

Cela est vrai. Tenez, j'explique du latin, quoique jamais je ne l'aie appris, et voyant l'autre jour écrit sur une grande porte *collegium*, je devinai que cela voulait dire collège.

CLITANDRE

Cela est admirable ! Tu sais donc lire, Lubin ?

LUBIN

Oui, je sais lire la lettre moulée ; mais je n'ai jamais su apprendre à lire l'écriture.

CLITANDRE

Nous voici contre la maison. C'est le signal que m'a donné Claudine.

LUBIN

Par ma foi ! c'est une fille qui vaut de l'argent, et je l'aime de tout mon cœur.

CLITANDRE

Aussi t'ai-je amené avec moi pour l'entretenir.

LUBIN

Monsieur, je vous suis….

CLITANDRE

Chut ! J'entends quelque bruit.

Scène II

Angélique, Claudine, Clitandre, Lubin.

ANGÉLIQUE

Claudine.

CLAUDINE

Eh bien ?

ANGÉLIQUE

Laisse la porte entrouverte.

CLAUDINE

Voilà qui est fait.

CLITANDRE

Ce sont elles. St.

ANGÉLIQUE

St.

LUBIN

St.

CLAUDINE

St.

CLITANDRE, *à Claudine.*

Madame.

ANGÉLIQUE, *à Lubin.*

Quoi ?

LUBIN, *à Angélique.*

Claudine.

CLAUDINE, *à Clitandre.*

Qu'est-ce ?

CLITANDRE, *à Claudine.*

Ah ! Madame, que j'ai de joie !

LUBIN, *à Angélique.*

Claudine, ma pauvre Claudine.

CLAUDINE, *à Clitandre.*

Doucement, Monsieur.

ANGÉLIQUE, *à Lubin*

Tout beau, Lubin.

CLITANDRE

Est-ce toi, Claudine ?

CLAUDINE

Oui.

LUBIN

Est-ce vous, Madame ?

ANGÉLIQUE

Oui.

CLAUDINE

Vous avez pris l'une pour l'autre.

LUBIN

Ma foi, la nuit, on n'y voit goutte.

ANGÉLIQUE

Est-ce pas vous, Clitandre ?

CLITANDRE

Oui, Madame.

ANGÉLIQUE

Mon mari ronfle comme il faut, et j'ai pris ce temps pour nous entretenir ici.

CLITANDRE

Cherchons quelque lieu pour nous asseoir.

CLAUDINE

C'est fort bien avisé.

Ils vont s'asseoir au fond du théâtre.

LUBIN

Claudine, où est-ce que tu es ?

Scène III

George Dandin, Lubin.

GEORGE DANDIN

J'ai entendu descendre ma femme, et je me suis vite habillé pour descendre après elle. Où peut-elle être allée ? serait-elle sortie ?

LUBIN

Il prend George Dandin pour Claudine.

Où es-tu donc, Claudine ? Ah ! te voilà. Par ma foi, ton maître est plaisamment attrapé, et je trouve ceci aussi drôle que les coups de bâton de tantôt dont on m'a fait récit. Ta maîtresse dit qu'il ronfle, à cette heure, comme tous les diantres, et il ne sait pas que Monsieur le Vicomte et elle sont ensemble pendant qu'il dort. Je voudrais bien savoir quel songe il fait maintenant. Cela est tout à fait risible ! De quoi s'avise-t-il aussi d'être jaloux de sa femme, et de vouloir qu'elle soit à lui tout seul ? C'est un impertinent, et Monsieur le Vicomte lui fait trop d'honneur. Tu ne dis mot, Claudine. Allons, suivons-les, et me donne ta petite menotte que je la baise. Ah ! que cela est doux ! il me semble que je mange des confitures. *comme il baise la main de Dandin, Dandin la lui pousse rudement au visage.* Tubleu ! comme vous y allez ! Voilà une petite menotte qui est un peu bien rude.

GEORGE DANDIN

Qui va là ?

LUBIN

Personne.

GEORGE DANDIN

Il fuit, et me laisse informé de la nouvelle perfidie de ma coquine. Allons, il faut que sans tarder j'envoie appeler son père et sa mère, et que cette aventure me serve à me faire séparer d'elle. Holà ! Colin, Colin.

Scène IV

Colin, George Dandin.

COLIN, *à la fenêtre.*

Monsieur.

GEORGE DANDIN

Allons vite, ici-bas.

COLIN, *en sautant par la fenêtre.*

M'y voilà : on ne peut pas plus vite.

GEORGE DANDIN

Tu es là ?

COLIN

Oui, Monsieur.

Pendant qu'il va lui parler d'un côté, Colin va de l'autre.

GEORGE DANDIN.

Doucement. Parle bas. Écoute. Va-t'en chez mon beau-père et ma belle-mère, et dis que je les prie très instamment de venir tout à l'heure ici. Entends-tu ? Eh ? Colin, Colin.

COLIN, *de l'autre côté.*

Monsieur.

GEORGE DANDIN

Où diable es-tu ?

COLIN

Ici.

GEORGE DANDIN

Comme ils se vont tous deux chercher, l'an passe d'un côté, et l'autre de l'autre.

Peste soit du maroufle qui s'éloigne de moi ! Je te dis que tu ailles de ce pas trouver mon beau-père et ma belle-mère, et leur dire que je les conjure de se rendre ici tout à l'heure. M'entends-tu bien ? Réponds. Colin, Colin.

COLIN, *de l'autre côté*

Monsieur.

GEORGE DANDIN

Voilà un pendard qui me fera enrager. Viens-t'en à moi. *Ils se cognent.* Ah ! le traître ! il m'a estropié. Où est-ce que tu es ? Approche, que je te donne mille coups. Je pense qu'il me fuit.

COLIN

Assurément.

GEORGE DANDIN

Veux-tu venir ?

COLIN

Nenni, ma foi !

GEORGE DANDIN

Viens, te dis-je.

COLIN

Point : vous me voulez battre.

GEORGE DANDIN

Eh bien ! non. Je ne te ferai rien.

COLIN

Assurément ?

GEORGE DANDIN

Oui. Approche. Bon. Tu es bien heureux de ce que j'ai besoin de toi. Va-t'en vite de ma part prier mon beau-père et ma belle-mère de se rendre ici le plus tôt qu'ils pourront, et leur dis que c'est pour une affaire de la dernière conséquence ; et s'ils faisaient quelque difficulté à cause de l'heure, ne manque pas de les presser, et de leur bien faire entendre qu'il est très important qu'ils viennent, en quelque état qu'ils soient. Tu m'entends bien maintenant ?

COLIN

Oui, Monsieur.

GEORGE DANDIN

Va vite, et reviens de même. Et moi, je vais rentrer dans ma maison, attendant que.... Mais j'entends quelqu'un. Ne serait-ce point ma femme ? Il faut que j'écoute, et me serve de l'obscurité qu'il fait.

Scène V

ClitandrE, Angélique, George Dandin, Claudine, Lubin.

ANGÉLIQUE.

Adieu. Il est temps de se retirer.

CLITANDRE

Quoi ? si tôt ?

ANGÉLIQUE

Nous nous sommes assez entretenus.

CLITANDRE

Ah ! Madame, puis-je assez vous entretenir, et trouver en si peu de temps toutes les paroles dont j'ai besoin ? Il me faudrait des journées entières pour me bien expliquer à vous de tout ce que je sens, et je ne vous ai pas dit encore la moindre partie de ce que j'ai à vous dire.

ANGÉLIQUE

Nous en écouterons une autre fois davantage.

CLITANDRE

Hélas ! de quel coup me percez-vous l'âme lorsque vous parlez de vous retirer, et avec combien de chagrins m'allez-vous laisser maintenant ?

ANGÉLIQUE

Nous trouverons moyen de nous revoir.

CLITANDRE

Oui ; mais je songe qu'en me quittant, vous allez trouver un mari. Cette pensée m'assassine, et les privilèges qu'ont les maris sont des choses cruelles pour un amant qui aime bien.

ANGÉLIQUE

Serez-vous assez fort pour avoir cette inquiétude, et pensez-vous qu'on soit capable d'aimer de certains maris qu'il y a ? On les prend, parce qu'on ne s'en peut défendre, et que l'on dépend de parents qui n'ont des yeux que pour le bien ; mais on sait leur rendre justice, et l'on se moque fort de les considérer au-delà de ce qu'ils méritent.

GEORGE DANDIN

Voilà nos carognes de femmes.

CLITANDRE

Ah ! qu'il faut avouer que celui qu'on vous a donné était peu digne de l'honneur qu'il a reçu, et que c'est une étrange chose que l'assemblage qu'on a fait d'une personne comme vous avec un homme comme lui !

GEORGE DANDIN, *à part.*

Pauvres maris ! voilà comme on vous traite.

CLITANDRE

Vous méritez sans doute une toute autre destinée, et le Ciel ne vous a point faite pour être la femme d'un paysan.

GEORGE DANDIN

Plût au Ciel fût-elle la tienne ! tu changerais bien de langage. Rentrons ; c'en est assez.

Il entre et ferme la porte.

CLAUDINE

Madame, si vous avez à dire du mal de votre mari, dépêchez vite, car il est tard.

CLITANDRE

Ah ! Claudine, que tu es cruelle !

ANGÉLIQUE

Elle a raison. Séparons-nous.

CLITANDRE

Il faut donc s'y résoudre, puisque vous le voulez. Mais au moins je vous conjure de me plaindre un peu des méchants moments que je vais passer.

ANGÉLIQUE

Adieu.

58

LUBIN

Où es-tu, Claudine, que je te donne le bonsoir ?

CLAUDINE

Va, va, je le reçois de loin, et je t'en renvoie autant.

Scène VI

Angélique, Claudine, George Dandin.

ANGÉLIQUE

Rentrons sans faire de bruit.

CLAUDINE

La porte s'est fermée.

ANGÉLIQUE

J'ai le passe-partout.

CLAUDINE

Ouvrez donc doucement.

ANGÉLIQUE

On a fermé en dedans, et je ne sais comment nous ferons.

CLAUDINE

Appelez le garçon qui couche là.

ANGÉLIQUE

Colin, Colin, Colin.

GEORGE DANDIN, *mettant la tête à sa fenêtre.*

Colin, Colin ? Ah ! je vous y prends donc. Madame ma femme, et vous faites des escampativos pendant que je dors. Je suis bien aise de cela, et de vous voir dehors à l'heure qu'il est.

ANGÉLIQUE

Eh bien ! quel grand mal est-ce qu'il y a à prendre le frais de la nuit ?

GEORGE DANDIN

Oui, oui, l'heure est bonne à prendre le frais. C'est bien plutôt le chaud, Madame la coquine ; et nous savons toute l'intrigue du rendez-vous, et du Damoiseau. Nous avons entendu votre galant entretien, et les beaux vers à ma louange que vous avez dits l'un et l'autre. Mais ma consolation, c'est que je vais être vengé, et que votre père et votre mère seront convaincus maintenant de la justice de mes plaintes, et du dérèglement de votre conduite. Je les ai envoyé quérir, et ils vont être ici dans un moment.

ANGÉLIQUE

Ah Ciel !

CLAUDINE

Madame.

GEORGE DANDIN

Voilà un coup sans doute où vous ne vous attendiez pas. C'est maintenant que je triomphe, et j'ai de quoi mettre à bas votre orgueil, et détruire vos artifices. Jusques ici vous avez joué mes accusations, ébloui vos parents, et plâtré vos malversations. J'ai eu beau voir, et beau dire, et votre adresse toujours l'a emporté sur mon bon droit, et toujours vous avez trouvé moyen d'avoir raison ; mais à cette fois, Dieu merci, les choses vont être éclaircies, et votre effronterie sera pleinement confondue.

ANGÉLIQUE

Eh ! je vous prie, faites-moi ouvrir la porte.

GEORGE DANDIN

Non, non : il faut attendre la venue de ceux que j'ai mandés, et je veux qu'ils vous trouvent dehors à la belle heure qu'il est. En attendant qu'ils viennent, songez, si vous voulez, à chercher dans votre tête quelque nouveau détour pour vous tirer de cette affaire, à inventer quelque moyen de rhabiller votre escapade, à trouver quelque belle ruse pour éluder ici les gens et paraître innocente, quelque prétexte spécieux de pèlerinage nocturne, ou d'amie en travail d'enfant, que vous veniez de secourir.

ANGÉLIQUE

Non : mon intention n'est pas de vous rien déguiser. Je ne prétends point me défendre, ni vous nier les choses, puisque vous les savez.

GEORGE DANDIN

C'est que vous voyez bien que tous les moyens vous en sont fermés, et que dans cette affaire vous ne sauriez inventer d'excuse qu'il ne me soit facile de convaincre de fausseté.

61

ANGÉLIQUE

Oui, je confesse que j'ai tort, et que vous avez sujet de vous plaindre. Mais je vous demande par grâce de ne m'exposer point maintenant à la mauvaise humeur de mes parents, et de me faire promptement ouvrir.

GEORGE DANDIN

Je vous baise les mains.

ANGÉLIQUE

Eh ! mon pauvre petit mari, je vous en conjure.

GEORGE DANDIN

Ah ! mon pauvre petit mari ? Je suis votre petit mari maintenant, parce que vous vous sentez prise. Je suis bien aise de cela, et vous ne vous étiez jamais avisée de me dire de ces douceurs.

ANGÉLIQUE

Tenez, je vous promets de ne vous plus donner aucun sujet de déplaisir, et de me….

GEORGE DANDIN

Tout cela n'est rien. Je ne veux point perdre cette aventure, et il m'importe qu'on soit une fois éclairci à fond de vos déportements.

ANGÉLIQUE

De grâce, laissez-moi vous dire. Je vous demande un moment d'audience.

GEORGE DANDIN

Eh bien, quoi ?

ANGÉLIQUE

Il est vrai que j'ai failli, je vous l'avoue encore une fois, et que votre ressentiment est juste ; que j'ai pris le temps de sortir pendant que vous dormiez, et que cette sortie est un rendez-vous que j'avais donné à la personne que vous dites. Mais enfin ce sont des actions que vous devez pardonner à mon âge ; des emportements de jeune personne qui n'a encore rien vu, et ne fait que d'entrer au monde ; des libertés où l'on s'abandonne sans y penser de mal, et qui sans doute dans le fond n'ont rien de….

GEORGE DANDIN

Oui : vous le dites, et ce sont de ces choses qui ont besoin qu'on les croie pieusement.

ANGÉLIQUE

Je ne veux point m'excuser par là d'être coupable envers vous, et je vous prie seulement d'oublier une offense dont je vous demande pardon de tout mon cœur, et de m'épargner en cette rencontre le déplaisir que me pourraient causer les reproches fâcheux de mon père et de ma mère. Si vous m'accordez généreusement la grâce que je vous demande, ce procédé obligeant, cette bonté que vous me ferez voir, me gagnera entièrement. Elle touchera tout à fait mon cœur, et y fera naître pour vous ce que tout le pouvoir de mes parents et les liens du mariage n'avaient pu y jeter. En un mot, elle sera cause que je renoncerai à toutes les galanteries, et n'aurai de l'attachement que pour vous. Oui, je vous donne ma parole que vous m'allez voir désormais la meilleure femme du monde, et que je vous témoignerai tant d'amitié, tant d'amitié, que vous en serez satisfait.

GEORGE DANDIN

Ah ! crocodile, qui flatte les gens pour les étrangler.

ANGÉLIQUE

Accordez-moi cette faveur.

GEORGE DANDIN

Point d'affaires. Je suis inexorable.

ANGÉLIQUE

Montrez-vous généreux.

GEORGE DANDIN

Non.

ANGÉLIQUE

De grâce !

GEORGE DANDIN

Point.

ANGÉLIQUE

Je vous en conjure de tout mon cœur.

GEORGE DANDIN

Non, non, non. Je veux qu'on soit détrompé de vous, et que votre confusion éclate.

ANGÉLIQUE

Eh bien ! si vous me réduisez au désespoir, je vous avertis qu'une femme en cet état est capable de tout, et que je ferai quelque chose ici dont vous vous repentirez.

GEORGE DANDIN

Et que ferez-vous, s'il vous plaît ?

ANGÉLIQUE

Mon cœur se portera jusqu'aux extrêmes résolutions, et de ce couteau que voici je me tuerai sur la place.

GEORGE DANDIN

Ah ! ah ! à la bonne heure.

ANGÉLIQUE

Pas tant à la bonne heure pour vous que vous vous imaginez. On sait de tous côtés nos différends, et les chagrins perpétuels que vous concevez contre moi. Lorsqu'on me trouvera morte, il n'y aura personne qui mette en doute que ce ne soit vous qui m'aurez tuée ; et mes parents ne sont pas gens assurément à laisser cette mort impunie, et ils en feront sur votre personne toute la punition que leur pourront offrir et les poursuites de la justice, et la chaleur de leur ressentiment. C'est par là que je trouverai moyen de me venger de vous, et je ne suis pas la première qui ait su recourir à de pareilles vengeances, qui n'ait pas fait difficulté de se donner la mort pour perdre ceux qui ont la cruauté de nous pousser à la dernière extrémité.

GEORGE DANDIN

Je suis votre valet. On ne s'avise plus de se tuer soi-même, et la mode en est passée il y a longtemps.

ANGÉLIQUE

C'est une chose dont vous pouvez vous tenir sûr ; et si vous persistez dans votre refus, si vous ne me faites ouvrir, je vous jure que tout à l'heure je vais vous faire voir jusques où peut aller la résolution d'une personne qu'on met au désespoir.

GEORGE DANDIN

Bagatelles, bagatelles. C'est pour me faire peur.

ANGÉLIQUE

Eh bien ! puisqu'il le faut, voici qui nous contentera tous deux, et montrera si je me moque. Ah c'en est fait. Fasse le Ciel que ma mort soit vengée comme je le souhaite, et que celui qui en est cause reçoive un juste châtiment de la dureté qu'il a eue pour moi !

GEORGE DANDIN

Ouais ! serait-elle bien si malicieuse que de s'être tuée pour me faire pendre ? Prenons un bout de chandelle pour aller voir.

ANGÉLIQUE

St. Paix ! Rangeons-nous chacune immédiatement contre un des côtés de la porte.

GEORGE DANDIN

La méchanceté d'une femme irait-elle bien jusque-là ? *Il sort avec un bout de chandelle, sans les apercevoir ; elles entrent ; aussitôt elles ferment la porte.* Il n'y a personne. Eh ! je m'en étais bien douté, et la pendarde s'est retirée, voyant qu'elle ne gagnait rien après moi, ni par prières ni par menaces. Tant mieux ! cela rendra ses affaires encore plus mauvaises, et le père et la mère qui vont venir en verront mieux son crime. Ah ! ah ! la porte s'est fermée. Holà ! ho ! quelqu'un ! qu'on m'ouvre promptement !

ANGÉLIQUE, *à la fenêtre avec Claudine.*

Comment ? c'est toi ! D'où viens-tu, bon pendard ? Est-il l'heure de revenir chez soi quand le jour est près de paraître ? et cette manière de vie est-elle celle que doit suivre un honnête mari ?

CLAUDINE

Cela est-il beau d'aller ivrogner toute la nuit ? et de laisser ainsi toute seule une pauvre jeune femme dans la maison ?

GEORGE DANDIN

Comment ? vous avez….

ANGÉLIQUE

Va, va, traître, je suis lasse de tes déportements, et je m'en veux plaindre, sans plus tarder, à mon père et à ma mère.

GEORGE DANDIN

Quoi ? c'est ainsi que vous osez....

Scène VII

Monsieur et madame de Sotenville, Colin, Claudine, Angélique, George Dandin.

(Monsieur et Madame de Sotenville sont en des habits de nuit, et conduits par Colin, qui porte une lanterne.)

ANGÉLIQUE

Approchez, de grâce, et venez me faire raison de l'insolence la plus grande du monde d'un mari à qui le vin et la jalousie ont troublé de telle sorte la cervelle, qu'il ne sait plus ni ce qu'il dit, ni ce qu'il fait, et vous a lui-même envoyé quérir pour vous faire témoins de l'extravagance la plus étrange dont on ait jamais ouï parler. Le voilà qui revient comme vous voyez, après s'être fait attendre toute la nuit ; et, si vous voulez l'écouter, il vous dira qu'il a les plus grandes plaintes du monde à vous faire de moi ; que durant qu'il dormait, je me suis dérobée d'auprès de lui pour m'en aller courir, et cent autres contes de même nature qu'il est allé rêver.

GEORGE DANDIN

Voilà une méchante carogne.

CLAUDINE

Oui, il nous a voulu faire accroire qu'il était dans la maison, et que nous en étions dehors, et c'est une folie qu'il n'y a pas moyen de lui ôter de la tête.

MONSIEUR DE SOTENVILLE

Comment, qu'est-ce à dire cela ?

MADAME DE SOTENVILLE

Voilà une furieuse impudence que de nous envoyer quérir.

GEORGE DANDIN

Jamais

ANGÉLIQUE

Non, mon père, je ne puis plus souffrir un mari de la sorte. Ma patience est poussée à bout, et il vient de me dire cent paroles injurieuses.

MONSIEUR DE SOTENVILLE
Corbleu ! vous êtes un malhonnête homme.

CLAUDINE
C'est une conscience de voir une pauvre jeune femme traitée de la façon, et cela crie vengeance au Ciel.

GEORGE DANDIN
Peut-on… ?

MADAME DE SOTENVILLE
Allez, vous devriez mourir de honte.

GEORGE DANDIN
Laissez-moi vous dire deux mots.

ANGÉLIQUE
Vous n'avez qu'à l'écouter, il va vous en conter de belles.

GEORGE DANDIN
Je désespère.

CLAUDINE
Il a tant bu, que je ne pense pas qu'on puisse durer contre lui, et l'odeur du vin qu'il souffle est montée jusqu'à nous.

GEORGE DANDIN
Monsieur mon beau-père, je vous conjure

MONSIEUR DE SOTENVILLE
Retirez-vous : vous puez le vin à pleine bouche.

GEORGE DANDIN
Madame, je vous prie

MADAME DE SOTENVILLE
Fi ! ne m'approchez pas : votre haleine est empestée.

GEORGE DANDIN
Souffrez que je vous….

MONSIEUR DE SOTENVILLE

Retirez-vous, vous dis-je : on ne peut vous souffrir.

GEORGE DANDIN

Permettez, de grâce, que….

MADAME DE SOTENVILLE

Poua ! vous m'engloutissez le cœur. Parlez de loin, si vous voulez.

GEORGE DANDIN

Eh bien oui, je parle de loin. Je vous jure que je n'ai bougé de chez moi, et que c'est elle qui est sortie.

ANGÉLIQUE

Ne voilà pas ce que je vous ai dit ?

CLAUDINE

Vous voyez quelle apparence il y a.

MONSIEUR DE SOTENVILLE

Allez, vous vous moquez des gens. Descendez, ma fille, et venez ici.

GEORGE DANDIN

J'atteste le Ciel que j'étais dans la maison, et que….

MADAME DE SOTENVILLE

Taisez-vous, c'est une extravagance qui n'est pas supportable.

GEORGE DANDIN

Que la foudre m'écrase tout à l'heure si… !

MONSIEUR DE SOTENVILLE

Ne nous rompez pas davantage la tête, et songez à demander pardon à votre femme.

GEORGE DANDIN

Moi, demander pardon ?

MONSIEUR DE SOTENVILLE

Oui, pardon, et sur-le-champ.

GEORGE DANDIN

Quoi ? je...

MONSIEUR DE SOTENVILLE

Corbleu ! si vous me répliquez, je vous apprendrai ce que c'est que de vous jouer à nous.

GEORGE DANDIN

Ah, George Dandin !

MONSIEUR DE SOTENVILLE

Allons, venez, ma fille, que votre mari vous demande pardon.

ANGÉLIQUE, *descendue.*

Moi ? lui pardonner tout ce qu'il m'a dit ? Non, non, mon père, il m'est impossible de m'y résoudre, et je vous prie de me séparer d'un mari avec lequel je ne saurais plus vivre.

CLAUDINE

Le moyen d'y résister ?

MONSIEUR DE SOTENVILLE

Ma fille, de semblables séparations ne se font point sans grand scandale, et vous devez vous montrer plus sage que lui, et patienter encore cette fois.

ANGÉLIQUE

Comment patienter après de telles indignités ? Non, mon père, c'est une chose où je ne puis consentir.

MONSIEUR DE SOTENVILLE

Il le faut, ma fille, et c'est moi qui vous le commande.

ANGÉLIQUE

Ce mot me ferme la bouche, et vous avez sur moi une puissance absolue.

CLAUDINE

Quelle douceur !

ANGÉLIQUE

Il est fâcheux d'être contrainte d'oublier de telles injures ; mais quelle violence que je me fasse, c'est à moi de vous obéir.

CLAUDINE

Pauvre mouton !

MONSIEUR DE SOTENVILLE

Approchez.

ANGÉLIQUE

Tout ce que vous me faites faire ne servira de rien, et vous verrez que ce sera dès demain à recommencer.

MONSIEUR DE SOTENVILLE

Nous y donnerons ordre. Allons, mettez-vous à genoux.

GEORGE DANDIN

À genoux ?

MONSIEUR DE SOTENVILLE

Oui, à genoux, et sans tarder.

GEORGE DANDIN.*Il se met à genoux.*

Ô Ciel ! Que faut-il dire ?

MONSIEUR DE SOTENVILLE

« Madame, je vous prie de me pardonner. »

GEORGE DANDIN

« Madame, je vous prie de me pardonner. »

MONSIEUR DE SOTENVILLE

« L'extravagance que j'ai faite. »

GEORGE DANDIN

« L'extravagance que j'ai faite » (à part) de vous épouser.

MONSIEUR DE SOTENVILLE

« Et je vous promets de mieux vivre à l'avenir. »

GEORGE DANDIN

« Et je vous promets de mieux vivre à l'avenir. »

MONSIEUR DE SOTENVILLE

Prenez-y garde, et sachez que c'est ici la dernière de vos impertinences que nous souffrirons.

MADAME DE SOTENVILLE

Jour de Dieu ! si vous y retournez, on vous apprendra le respect que vous devez à votre femme, et à ceux de qui elle sort.

MONSIEUR DE SOTENVILLE

Voilà le jour qui va paraître. Adieu. Rentrez chez vous, et songez bien à être sage. Et nous, mamour, allons nous mettre au lit.

Scène VIII

George Dandin.

Ah ! je le quitte maintenant, et je n'y vois plus de remède : lorsqu'on a, comme moi, épousé une méchante femme, le meilleur parti qu'on puisse prendre, c'est de s'aller jeter dans l'eau la tête la première.